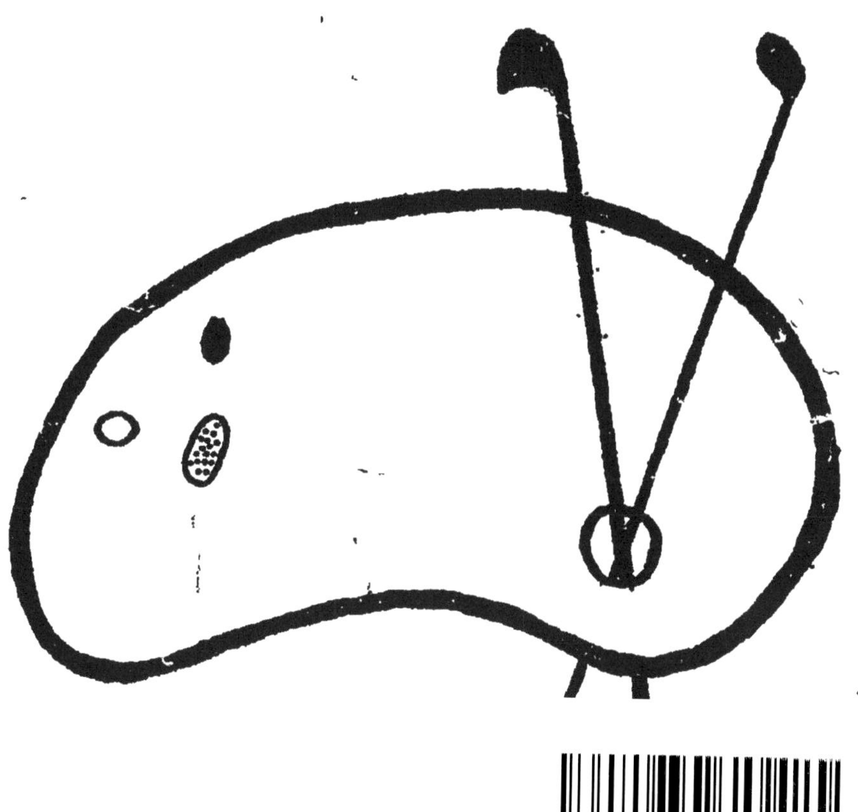

ÉMILE DE GIRARDIN

L'ÉGALE DE L'HOMME

LETTRE A M. ALEXANDRE DUMAS FILS

PARIS
CALMANN LÉVY, ÉDITEUR
RUE AUBER, 3, ET BOULEVARD DES ITALIENS, 15

1881

CALMANN LÉVY, ÉDITEUR.

ÉMILE DE GIRARDIN

L'HOMME ET LA FEMME. Un volume gr. in-18. . . . . . . 2 fr.

L'ÉGALE DE SON FILS. Un volume gr. in-18. . . . . 2 fr.

ÉMILE. Un volume gr. in-18. . . . . 1 fr.

COMÉDIES ET PROVERBES

LE SUPPLICE D'UNE FEMME. 3 actes. . . . . 2 fr.

LES DEUX SŒURS. 3 actes. . . . . 4 fr.

LE MALHEUR D'ÊTRE BELLE. 1 acte. . . . . 1 fr.

LE MARIAGE D'HONNEUR. 1 acte. . . . . 1 fr.

LES HOMMES SONT CE QUE LES FEMMES LES FONT. 1 acte. . . . . 1 fr.

LES TROIS AMANTS. 2 actes. . . . . 2 fr.

IMPRIMERIE CENTRALE DES CHEMINS DE FER. — A. CHAIX ET Cie,
RUE BERGÈRE, 20, A PARIS. — 20690-0.

L'ÉGALE DE L'HOMME

Il a été tiré de cet ouvrage :

20 exemplaires sur papier de Hollande.			
12	—	—	Whatman.
6	—	—	de Chine.

TOUS NUMÉROTÉS

ÉMILE DE GIRARDIN

L'ÉGALE DE L'HOMME

LETTRE A M. ALEXANDRE DUMAS FILS

PARIS
CALMANN LÉVY, ÉDITEUR
RUE AUBER, 3, ET BOULEVARD DES ITALIENS, 15

1881

L'ÉGALE DE L'HOMME

LETTRE A M. ALEXANDRE DUMAS

DE L'ACADÉMIE FRANÇAISE

---

24 septembre 1880.

I

Mon cher Dumas,

Il y a huit ans, c'était en 1872, paraissait, avec l'attrait de votre nom, un petit volume intitulé : L'HOMME-FEMME, dont le succès, attesté par quarante-trois éditions, donnait naissance à deux petits volumes que je publiai,

Le premier, sous ce titre :

L'HOMME ET LA FEMME.

L'HOMME SUZERAIN, LA FEMME VASSALE.

Le second, sous cet autre titre :

L'ÉGALE DE SON FILS.

Il y a quelques semaines, je lisais, dans tous les journaux, l'annonce d'un nouveau petit volume de vous qui s'appellerait :

LES FEMMES QUI TUENT,

LES FEMMES QUI VOTENT.

M'étant imaginé, à tort, que vous ne sauriez admettre au droit de voter la femme, de laquelle vous aviez dit : « Tu » es purement animal, tu es la guenon du » pays de Nod, tu es la femelle de Caïn », je me suis engagé par traité sur papier timbré, signé, parafé, et contre payement d'une somme assez ronde, à ne pas déserter le débat que j'avais soutenu contre vous, l'adversaire déclaré de ce que vous appeliez alors dérisoirement : « Les femministes. »

Quelle n'a pas été ma surprise en lisant dans votre livre paru hier cette conclusion :

« Donc, la femme, c'est-à-dire la mère, » l'épouse, la fille, cette moitié de nous-» mêmes à tous les âges de la vie, ayant, » ainsi que nous, devant la loi, toute la » responsabilité de ses devoirs comme

» personne publique; ayant, plus que
» nous, comme personne privée, devant
» l'opinion, la responsabilité de ses sen-
» timents; cet être vivant, pensant,
» aimant, souffrant, ayant un cerveau,
» un cœur, une âme tout comme nous,
» si décidément nous en avons une, a
» aussi des besoins, des aspirations, des
» intérêts particuliers, des progrès à
» accomplir, et, par conséquent, des
» droits à faire valoir, qui veulent, qui
» doivent être représentés directement
» dans la discussion des choses publi-
» ques, par des délégués nommés par
» elle. Établissez cette loi nouvelle du
» vote des femmes, comme vous l'en-
» tendrez, au commencement, avec toutes
» les précautions et toutes les réserves
» possibles dans ce pays à qui la routine

» est si chère; mettez les élections à un, » à deux, à trois degrés, si bon vous » semble; mais établissez cette loi. Il » doit y avoir à la Chambre des députés » des femmes de France. La France » doit au monde civilisé l'exemple de » cette grande initiative. Qu'elle se hâte. » L'Amérique est là qui va le donner. »

Conclusion surprenante, que vous expliquez avec toute la bonne grâce de la loyauté et en vous faisant à vous-même cette objection suivie de cette réponse:

« — Il est notoire que, comme intel- » ligence, la femme est inférieure à » l'homme. Vous l'avez écrit vous-même.
» — Si je l'ai écrit, j'ai écrit une bêtise, » et je change d'opinion aujourd'hui. Je

» ne serai pas le premier qui aura écrit
» une bêtise ni le premier qui aura changé
» d'opinion, voilà tout. »

Après avoir lu avec avidité votre étincelante réhabilitation de la femme, que vous aviez diffamée sans vous souvenir qu'une femme avait été votre mère, qu'une femme avait été votre sœur, qu'une femme portait le nom que vous avez illustré, et que vous étiez l'heureux père de deux jeunes filles qui, par l'esprit et la culture de leur esprit, seraient supérieures à beaucoup d'hommes : qu'avais-je à faire?

Je n'avais plus qu'à me dégager de l'engagement que j'avais signé et qu'à adhérer sans bruit à votre consultation, au lieu d'y contredire, avec toute la maturité d'une conviction qui, en moi, ne s'est jamais démentie.

Mais, pour se dégager comme pour s'engager, il faut être au moins deux, et j'ai été seul.

Je viens donc vous exposer, dans cette épître, sur quels points je diffère avec vous.

Je ne suis pas d'accord avec vous lorsque vous écrivez :

« Selon moi, les femmes qui tuent
» mènent aux femmes qui votent. »

Non, les femmes qui tuent ne mènent pas plus aux femmes qui votent, que les hommes qui tuent ne mènent aux hommes qui votent.

Pas plus pour les femmes que pour les

hommes, le meurtre n'est le chemin du suffrage universel.

J'aurais compris que, par allusion au § 11 de l'article 324 du Code pénal [1] et par protestation contre lui, vous eussiez intitulé votre consultation :

LES HOMMES QUI TUENT,
LES FEMMES QUI VOTENT.

Je vous l'avoue, je ne comprends pas, je ne saurais comprendre comment les femmes qui votent sont la conséquence des femmes qui tuent.

Aussi longtemps que le Code français, aussi longtemps que la loi française main-

1. ART. 324. — Dans le cas d'adultère prévu par l'article 336, LE MEURTRE commis par l'époux sur son épouse, ainsi que sur le complice à l'instant où il les surprend en flagrant délit dans la maison conjugale, EST EXCUSABLE.

tiendra entre l'homme et la femme des inégalités que l'humanité, des inégalités que la nature ne justifie pas, les femmes seront fondées à revendiquer le droit de concourir à la réforme de lois iniques, de lois qui les abaissent, de lois qui les blessent, de lois qui avaient une raison d'être aux temps et dans les pays barbares, de lois qui n'ont plus de raison de subsister aux temps et dans les pays civilisés, de lois enfin qui sont un anachronisme.

Lorsque le vote est une fonction conférée par l'État à une catégorie privilégiée de contribuables, on comprend, on peut comprendre que la femme, même contribuable, ne soit pas admise à l'exercer; mais, lorsque le vote est le droit de tous, même de l'indigent parvenu à l'âge de vingt et un ans ; mais, lorsque le vote s'appelle le suffrage universel, on ne comprend pas, on ne saurait comprendre que les portes des salles où votent les hommes soient injurieusement fermées aux femmes.

Si nous vivons, est-ce que ce n'est pas par elles ?

Si nous pensons, est-ce que ce n'est pas par elles ?

Si, enfant, nous échappons à tous les risques de mort qui nous assaillent ; si, enfant, notre santé se fortifie, notre raison se développe, notre cœur apprend à parler, à qui le devons-nous si ce n'est à elles ?

C'est donc en toute sympathie, mon cher Dumas, que je vous félicite d'être venu courageusement grossir le nombre de ceux qui, comme moi, pensaient et pensent que le jour où la femme sera légalement et législativement l'égale de l'homme, ce jour-là sera un grand jour pour l'humanité, sera un grand jour pour la civilisation.

Alors beaucoup de progrès attardés ne tarderont plus à s'accomplir.

Alors beaucoup de problèmes qui passaient pour insolubles, parce qu'ils étaient demeurés indéfiniment non résolus, se convertiront d'eux-mêmes en solutions Ce nom de solutions, l'irréflexion ne le donnera plus à des palliatifs, tels que la recherche de la paternité, le divorce, etc., qui ne sont que des complications succédant à d'autres complications.

Alors l'adultère, condamné par la loi religieuse et la conscience, ne sera plus condamné par la loi civile et l'inconséquence.

Alors tout débat sera sans objet entre ceux qui pensent que la recherche de la paternité doit être permise et ceux qui prétendent qu'elle doit être interdite, comme étant une source intarissable d'abus monstrueux et de scandales inévitables.

Alors il n'y aura plus deux catégories d'enfants : les enfants selon la loi et les enfants hors la loi, ainsi qu'il y a eu, pendant des siècles, des hommes qui s'appartenaient, qui étaient réputés libres, tandis que d'autres hommes ne s'appartenaient pas, étaient qualifiés esclaves, étaient qualifiés serfs, vendus et achetés comme bétail, et souvent traités plus durement que lui.

Alors que tous sont égaux devant la loi, la logique veut que tous les enfants soient égaux devant la mère. La logique veut que ce soit désormais son nom qu'ils porteront.

Alors ce sera elle qui, dans sa conscience, sera responsable de leur naissance, de leur santé, de leur éducation, de leur destinée.

Alors ce ne sera plus la paternité, ce sera la maternité qui sera l'axe de la société.

Alors le règne du doute fera place au règne de la certitude.

Alors, de toutes les fonctions sociales, la maternité sera la première.

Alors décroîtra le nombre des femmes stériles.....

Alors croîtra le nombre des femmes fécondes.

Alors la prostitution sera un mot qui n'aura plus de sens. Je suis à cet égard de votre avis quand vous dites :

« La prostitution de la femme va peu » à peu perdre son caractère d'autrefois. » Les amours libres ne vont faire que » croître et embellir. »

Qu'est-ce, en réalité, que la prostitution?

— C'est la femme qui se vend.

Mais que fait la jeune fille qui, par obéissance à ses parents, ou par calcul précoce, épouse, sans amour, un homme, non à cause de ses qualités qu'elle a reconnues, mais à cause de la fortune petite ou grosse, réelle ou fictive, présente ou à venir, qu'il apportera ou qu'il est présumé devoir apporter, soit en communauté, soit en douaire?

Mais que fait le jeune homme qui n'épouse une jeune fille, mais que fait le jeune homme qui n'épouse une veuve ou une femme mûre que pour la dot qu'il vise.

Où est la différence, la grande différence?

Et si, après le mariage, l'un des deux conjoints est un objet d'invincible dégoût pour l'autre, soit dégoût physique, soit dégoût moral, quel nom donner à l'accomplissement légalement forcé de l'acte conjugal?

Si dégradée que soit la prostitution telle qu'elle existe, du moins elle laisse la femme maîtresse de son corps ; la propriété d'elle-même peut lui être enlevée par la misère, mais elle ne lui est pas enlevée à perpétuité par la loi. Nul « mâle », je me sers de votre expression de prédilection, n'a de droits sur sa personne que ceux qu'elle consent à lui donner ou à lui laisser. Sous ce rapport le sort de beaucoup de prostituées est moins triste, moins dégradant que celui de beaucoup d'épousées.

Aux champs, le mariage est une association de travail en vue de la culture du sol, association où les enfants ne tardent pas à rapporter autant qu'ils ont coûté. Ils sont une avance, finalement ils ne sont pas une dépense.

A la ville, entre ouvriers et ouvrières, les mariages libres, les mariages sans immixtion de « Monsieur le Maire » ne sont pas rares, et ceux-là ne sont ni les moins heureux ni les moins fortement unis, quoique, dans les ménages d'ouvriers, les enfants soient longtemps une lourde charge.

Oui, la haute prostitution, celle qui joint souvent aux dehors de l'élégance, aux dehors du luxe, à toutes les cultures de la beauté, les cultures et les distinctions de l'esprit, est un acheminement vers le mariage sans intervention de l'État, vers le mariage constamment dissoluble sans divorce, vers le mariage demeurant un sacrement pour le chrétien qui croit, mais n'étant plus qu'un contrat par-devant notaire pour le libre penseur qui ne croit pas.

Lorsqu'on peut conserver sa liberté,

est-il raisonnable de l'aliéner indissolublement ?

La raison finissant toujours par avoir raison, on peut prédire avec certitude qu'il y aura dans l'avenir un jour où deux personnes qui seront tentées d'unir leurs destinées s'abstiendront dans le doute de prendre le chemin de la mairie.

Il est d'usage de médire de la prostitution, de la flétrir, de la taxer d'immorale.

Est-ce que le célibataire qui fait sa maîtresse de la femme mariée à l'homme dont il serre amicalement la main a plus d'honneur, a plus de vertu, est plus moral que celui qui, n'ayant pas encore trouvé la jeune fille à laquelle il donnera son nom, entretient ou contribue à entretenir ce que je n'appellerai pas une courtisane, vieux style, ni une « cocotte », langage du jour, mais ce que j'appellerai une femme d'attente ?

Est-ce que cette femme d'attente, qui ne trompe personne, alors même qu'elle est infidèle, puisque personne n'a de raison de compter sur sa fidélité et n'est comptable de son honneur ; est-ce que cette femme d'attente qui, si elle a des enfants, n'aurait pas droit à un autre nom que le sien, à une autre fortune que la sienne ; est-ce que cette femme d'attente vaut moins, consciencieusement, que la femme légale, dite légitime, qui a, dans l'ombre plus ou moins transparente, un amant au risque d'avoir un ou plusieurs enfants de lui ?

S'ils n'ont pas été fallacieusement portés au compte du père dit putatif, et s'ils n'ont pas détourné à sa mort une partie de sa fortune au détriment de ses vrais héritiers, que sont ces enfants adultérins ? Ils sont un audacieux défi porté à l'article 345 du Code pénal, qui prévoit le crime de suppression d'état et le punit de la peine de la réclusion.

Cette peine de la réclusion à laquelle s'exposent témérairement, inconsciemment, beaucoup de femmes occupant les sommets de la société, est écrite en ces termes dans le Code pénal :

ART. 21.— Tout individu de l'un ou de l'autre sexe condamné à la peine de la réclusion sera renfermé dans une MAISON DE FORCE et employé à des travaux dont le produit pourra être appliqué à son profit, ainsi qu'il sera réglé par le gouvernement. La durée de cette peine sera au moins de CINQ ANNÉES et de dix ans au plus.

Et il ne faut pas oublier que, si la recherche de la paternité est interdite par l'article 340 du Code civil, la recherche de la maternité est expressément admise par l'article 341, à la condition, par le demandeur, de réclamer sa position d'état en qualité d'enfant dit légitime et d'établir judiciairement « qu'à l'époque où il a été conçu, le père plus ou moins tardivement réclamé n'avait pas été, comme époux, dans l'impossibilité de cohabiter avec sa femme pendant le temps couru depuis le trois centième jusqu'au cent vingt-quatrième jour avant la naissance de l'enfant, soit pour cause d'éloignement, soit par l'effet de quelque accident ».

Si elles n'avaient pas été, si elles n'étaient pas efficacement protégées par le sentiment inné de piété filiale et par la crainte de la réprobation publique, combien de femmes auraient été, combien de femmes seraient encore exposées aux rigueurs des articles 345 et 21 du Code pénal !

La société n'y saurait penser sans trembler dans tous ses fondements. Aussi n'y pense-t-elle pas et s'endort-elle paisiblement entre deux périls, dont le moindre est l'emprisonnement pour adultère pendant trois mois à deux ans.

Lorsque l'on compare la société actuelle à la société ancienne, à la société féodale, même à la société, déjà très modifiée, telle qu'elle existait avant que l'année 1789 devînt une grande date dans notre histoire, la pensée qui vient à l'esprit est que la société qui a déjà fait tant de pas en avant ne s'arrêtera pas en chemin. Le passé est à cet égard la garantie de l'avenir.

Tôt ou tard, je n'en doute pas, la société sera ce que la raison et la justice voudront qu'elle soit.

Par raison, j'entends le raisonnement.

Par justice, j'entends l'équité.

Est-il raisonnable, est-il juste que la femme, ayant dans la société les mêmes intérêts que l'homme, y ait les mêmes droits?

Sur cette question qui n'en devrait plus être une, la lumière s'étant faite dans votre esprit, votre esprit a fait la lumière la plus éclatante. Aussi, le point sur lequel j'insisterai sera-t-il celui que vous n'avez abordé qu'avec réserve et timidité.

Lorsqu'il s'agit de la femme qui élit l'homme, vous dites crânement :

« Il n'y a aucune raison pour que les
» femmes ne votent pas comme les
» hommes... Jamais on ne me fera croire
» que des femmes qui peuvent être
» reines malgré leur sexe ne puissent
» être électeurs à cause de leur sexe. »

Mais, lorsqu'il s'agit de la femme élue par l'homme, de la femme élue par la femme, vous ajournez en ces termes la solution :

« Avant dix ans les femmes seront
» électeurs comme les hommes. Quant à
» être éligibles, nous verrons après, si
» elles sont bien sages. »

Si elles sont bien sages ! Cette blessante réserve, mon cher Dumas, permettez-moi de vous le dire, n'est pas sérieuse, parce qu'elle n'est pas logique.

Dans la conquête d'un droit, le militant ne s'arrête pas à mi-chemin ; ou, s'il s'y arrête, c'est pour puiser dans le repos de la halte des forces nouvelles qui rendent sa victoire plus sûre.

« Le féminin », lorsqu'il sera électeur, voudra être éligible, et il aura raison de le vouloir, ne fût-ce que pour rayer du Code pénal l'article 324, en vertu duquel LES HOMMES QUI TUENT sont légalement excusables de tuer la femme adultère, cet article du droit romain qui perpétue la vassalité de la femme et la suzeraineté de l'homme.

Éligible ! Pourquoi ne le serait-elle pas

par les mêmes raisons et aux mêmes titres qui l'auront faite électeur?

A vous et à moi l'on répond :

— Mais est-ce qu'il est possible de se figurer sans rire ou sans hausser les épaules des femmes élues, assises sur les bancs d'une enceinte législative à côté d'hommes élus, les uns sénateurs, les autres députés, ces mêmes femmes demandant la parole et montant à la tribune avec un éventail à la main?

— Et en quoi donc serait-ce si étrange et si risible?

Est-ce que, dans les salles où s'exerce le droit de réunion, les femmes ne sont pas assises sur les mêmes bancs que les hommes? Est-ce que les femmes n'y siègent pas, elles aussi, au bureau? Est-ce qu'elles ne montent pas à la tribune? Est-ce que le rire est le sentiment qu'elles provoquent lorsque ce qu'elles disent est sensé et qu'elles le disent en bons termes? Est-ce que les applaudissements leur sont refusés ou seulement marchandés, lorsqu'elles les ont mérités?

Il y a quelque dix ans, l'immense majorité du public eût été scandalisée de voir des femmes assises sur les bancs d'un parterre de théâtre; maintenant que l'usage a fini par prévaloir, qui donc y fait attention et ne trouve pas cela tout simple?

Et, d'ailleurs, mon cher Dumas, est-ce que le gouvernement parlementaire est le dernier mode d'exercice de la souveraineté nationale? Est-ce que le gouvernement indirect, est-ce que le gouvernement à plusieurs degrés, ce n'est pas le souverain en tutelle? Est-ce que l'avènement du gouvernement direct, celui où la souveraineté nationale s'exercera et ne se déléguera plus, ne s'annonce pas, sinon comme prochain, du moins comme certain?

La science, la justice et la liberté tendent à simplifier tout ce qu'avaient compliqué l'ignorance, l'iniquité et la tyrannie.

Au gouvernement direct, que faudra-t-il pour s'imposer à toutes les résistances attardées?

— Il lui suffira de la liberté de la presse et de la liberté de réunion posant, débattant, mûrissant toutes les questions d'intérêt public et d'avenir social.

Après position, débat et maturité de

ces questions, le suffrage qui alors sera vraiment universel, puisqu'il comprendra l'un et l'autre sexe, les adoptera ou les repoussera par oui ou par NON.

Quoi de plus simple et de moins compliqué?

Alors s'éteindra d'elle-même l'objection de l'éligibilité de la femme, l'objection de la femme élue.

Interrogée, consultée, la femme n'aura à répondre qu'un mot, un seul mot :

OUI.

NON.

A ceux qui nous demanderont, à vous et à moi, qui aura qualité pour interroger ainsi la nation, toute la nation sans exception de sexe, vous et moi nous ferons cette réponse :

« Rien ne serait plus facile que d'instituer un Comité de vigilance nationale dont la fonction consisterait à demander au souverain son avis, toutes les fois qu'un nombre déterminé d'électeurs auraient jugé qu'il y a lieu de le consulter. C'est ce qui se pratique en Suisse sans difficulté et sans trouble, sous le nom de *Referendum.* »

Combien d'objections dans le passé qui ont arrêté la marche de plusieurs siècles et qui se sont évanouies d'elles-mêmes par le seul fait de l'adoption d'un principe ou du triomphe d'une idée !

Combien d'objections dans l'avenir s'évanouiront encore ainsi !

Aveugle qui ne voit pas que la société fait insensiblement peau neuve !

Aveugle qui ne voit pas qu'elle ne

saurait sans péril demeurer immobile!

Immobile lorsque la science et l'instruction changent sans relâche et sans fin toutes les conditions de son existence!

Immobile lorsque le nouveau monde, le monde de Christophe Colomb, et l'ancien monde ne sont plus séparés que par quelques jours de traversée, pour la dépense de laquelle il suffit de la somme la plus modique!

Immobile lorsque physiquement il n'y a plus de distances de continent à continent, et moralement d'homme à homme!

Immobile lorsque le pauvre et le riche, le domestique et le maître, sont transportés avec la même vitesse dans le même train de chemin de fer ou à bord du même navire à vapeur!

Immobile lorsque l'épousée et la nonépousée voyagent coude à coude dans le même compartiment, l'une avec son mari, l'autre avec son amant !

Immobile lorsque le fils de ses œuvres fait autant d'efforts pour s'élever que l'héritier de plusieurs générations en fait peu pour ne pas déchoir !

Immobile lorsque l'aristocratie fournit incomparablement moins de sujets à l'état-major social que la démocratie !

Immobile lorsque l'élite, c'est-à-dire l'intelligence dans la plénitude de son essor, ne se trouve plus que dans la multitude !

Immobile lorsque, dans tous les pays qui marchent en tête de la civilisation, la femme tend à devenir de plus en plus l'égale de l'homme !

Non seulement cela est, mais il est souhaitable et heureux que cela soit.

Hommes, nous ne serons tout ce que nous pouvons et devons être qu'à l'époque de moins en moins éloignée où l'esprit de nos mères se sera dégagé de beaucoup d'idées erronées et arriérées qui le faussent et l'obscurcissent; où nous serons la carte sur laquelle nos mères mettront tout leur enjeu; où, pendant notre enfance, nous serons leur propriété à elles seules; où, soit par tendresse, soit par calcul, tout ce qu'elles auront de facultés, elles les emploieront à développer les nôtres; où elles ne nous voleront plus leur sein qui nous appartient pour le donner à des enfants qui ne sont ni nos frères ni nos sœurs.

Ce vol, voilà un vrai crime, et ce crime contre nature, et ce crime contre maternité, le Code pénal ne le punit pas, quoique la statistique soit là pour attester qu'il est l'infanticide sur sa plus longue échelle, l'infanticide élevé à sa plus haute puissance.

Ce crime, ce double crime, c'est celui de deux femmes, je ne veux pas dire de deux mères, l'une disant à l'autre :

« Je viens de mettre au monde un enfant ; mais, si je l'allaitais, il me faudrait renoncer soit à mon travail, soit à mes plaisirs ; vous venez d'accoucher, retirez à cet enfant, qui est le vôtre, le lait qui est le sien, et ce lait, donnez-le à l'enfant qui est le mien. Vous ferez comme moi : je mets en nourrice mon enfant, vous y mettrez le vôtre, vous l'y mettrez au rabais ; entre le prix mensuel que vous payerez et celui que vous recevrez de moi, il y aura une petite différence ; cette différence sera votre bénéfice... »

Et un pareil marché, qui risque de coûter aux deux enfants leur santé, leur vie, paraît ce qu'il y a de plus simple, ce qu'il y a de plus légitime, attendu que ce qu'il blesse, ce n'est pas la légalité, ce moule des consciences vulgaires.

Non seulement personne ne s'en indigne, mais il y a beaucoup de gens pour prendre la parole et me dire :

« Voilà une jeune accouchée ! Elle a eu, j'en conviens, assez de force pour porter son enfant dans ses entrailles pendant neuf mois et pour le mettre au monde ; mais elle est trop faible pour le nourrir, et vous voudriez la contraindre à faire ce qu'il serait dangereux qu'elle fît pour sa santé et pour celle de l'enfant ! »

Je réponds sans hésitation : Oui.

Je réponds oui, parce que je ne saurais rester indifférent au sort de l'enfant qui, né de parents pauvres, avait, par compensation à leur pauvreté, dans la personne de sa mère bien portante, une nourrice d'élite, une belle, bonne et saine nourrice qui l'eût maternellement aimé, et qui, au lieu d'elle, n'aura plus qu'une nourrice au rabais, qu'une nourrice moins saine, moins bonne, moins belle, qu'une mercenaire qui ne verra dans son nourrisson de second étage que les quelques pièces de monnaie qu'il rapportera mensuellement au ménage indigent. Des deux nourrissons, si l'un devait dépérir et mourir, ne valait-il pas mieux que ce fût le moins bien né physiquement, le moins robuste? Des deux nourrissons, si l'un de préférence méritait de vivre, n'était-ce pas celui qui, pour apaiser sa faim et sa soif, aurait eu le sein, aurait eu le lait maternel, et conséquemment eût offert le plus de probabilités qu'il perpétuerait l'espèce sans la faire dégénérer ni physiquement ni intellectuellement?

Sous le régime contre nature dont la société descend le cours sans se demander où il la mène, trop souvent la mère étiole l'enfant, trop souvent la femme étiole l'homme.

Ce qui devrait être la grande préoccupation de la société, sa préoccupation première, sa préoccupation principale, ce devrait être d'arrêter l'appauvrissement de notre sang et l'abâtardissement de notre race.

C'est ce dont elle ne se préoccupe nullement.

Le contraire de ce que nous devrions faire, c'est ce que nous faisons.

Une jeune fille, sans permission de « Monsieur le Maire », a mis au monde un enfant.

Elle le nourrit de son lait.

Elle met tous ses soins à le bien élever.

Au lieu de voir dans sa maternité le rachat de sa défaillance, nous n'avons pas assez de mépris et de sévérités pour elle. Aussi la malheureuse fille se condamne-t-elle à toutes les tortures pour dissimuler sa grossesse. Et ces tortures, qui en pâtira? Ce sera l'enfant, s'il n'en meurt pas.

Lorsqu'on regarde de haut la société et que l'on regarde de près l'humanité, il est une question qui paraît bien petite, c'est celle du divorce, qui cependant soulève des oppositions si nombreuses et si résistantes, qu'on se demande si elle parviendra à les désarmer et à les vaincre.

La grosse, la très grosse question, je ne saurais le répéter assez souvent, c'est le rôle de la maternité dans la société.

Dans la femme, honorez la mère qui s'honore par le plein accomplissement de sa fonction, et la prostitution ira rejoindre dans le passé l'esclavage et le servage. Il n'y aura plus de prostituées, de même qu'il n'y a plus d'esclaves et de serfs.

Qu'importe à l'État, qu'importe à la Nation que le fils, appelé à vingt ans à acquitter sous les drapeaux l'impôt du sang et l'impôt du temps, soit fils réputé naturel ou même adultérin ! Ce qui leur importe, c'est qu'il ait la taille régimentaire, c'est qu'il ne soit ni aveugle, ni sourd, ni bossu, ni boiteux ; c'est qu'enfin il soit bien conformé et ne soit pas difforme.

De quoi donc l'État se mêle-t-il lorsqu'en France il unit à perpétuité deux êtres dont cette union, où l'inconnu joue un si grand rôle, fera peut-être le désespoir et le supplice ?

A quel titre, au nom de la loi, prétend-il refaire l'humanité, au risque d'en fausser le cours, et érige-t-il en crimes punissables des actes qui, en réalité, ne sont pas coupables ?

Si l'adultère est un crime, alors qu'il punisse donc tous les adultères ; mais, pour un adultère que, par exception, il punit, que d'innombrables adultères il ne punit pas !

La prostitution, qu'il flétrit et qu'il traque, n'est-elle pas en grande partie son œuvre ?

Qu'il laisse donc le mariage se réglementer de lui-même par l'usage et par l'idée qu'on se fait de lui !

Qu'il le laisse varier selon les temps comme selon les pays !

S'il avait à intervenir, ce serait pour interdire à la femme le travail manuel dans la fabrique, dans l'usine, dans l'atelier, ce travail incompatible avec les soins qu'exigent les enfants lorsque leur mère veut les bien élever, et que nécessite un ménage assez proprement tenu pour que l'homme, après sa journée de labeur, ne passe pas sa soirée au cabaret.

La question sociale, quand le jour sera venu de l'aborder résolument, commencera par le commencement, c'est-à-dire par la réforme des logements des petits ménages.

Lorsque la mère, le père, les enfants, frères et sœurs, malades et bien portants, logent tous pêle-mêle dans le même taudis, en bonne justice comment veut-on qu'ils se fassent de la propreté, de la décence, de la pudeur, de la vertu, la même idée que ceux qui ont chacun sa chambre?

S'ils avaient une petite cave où ils

pussent mettre leur vin en bouteille, celui du cabaret comparé au leur et payé quatre fois plus cher les dégoûterait du vin frelaté qu'ils vont boire sur le comptoir.

Nous avons raison de dépenser beaucoup d'argent pour l'instruction des masses ignorantes ; mais ce serait une grave imprudence que nous commettrions si là s'arrêtait notre tâche.

Nous devons prévoir que, le jour où elles sauront ce que le gouvernement de la République a déjà trop tardé à leur apprendre, les femmes, ayant plus conscience d'elles-mêmes et de leur légitime influence, ne se contenteront plus d'une condition sociale aussi abaissée. Elles mettront à la possession de leur personne un plus haut prix. La femme ne voudra plus d'un mari grossier. Légalement indépendante de lui, elle ne souffrira plus qu'il soit brutal avec elle. Ses enfants seront sa force. Elle les élèvera autrement, avec d'autres aspirations et d'autres sentiments. Elle aura pour eux plus d'orgueil maternel et plus d'ambition.

Le niveau d'une société ne hausse pas sensiblement sans que le bas s'en ressente et sans faire litière de beaucoup d'idées qui passaient pour vraies et qui ne l'étaient pas.

Quand on a vu sortir d'un petit hôtel très artistement meublé, mise avec un goût exquis, mollement étendue dans une calèche correctement attelée de deux chevaux parfaitement appareillés, telle jolie fille qui, l'an dernier, portait les cartons d'un magasin; quand on a causé avec elle; quand elle vous a fait les honneurs de son salon avec un tact surprenant; quand on lui a écrit et qu'elle vous a répondu un très charmant billet; quand on a été témoin de son ardeur à apprendre ce qu'elle rougirait d'ignorer; quand on l'a entendue parler, avec une étonnante justesse d'appréciation, théâtres, tableaux, musique, livres du jour, il est impossible de ne pas se dire que l'avenir de la société appartient à la femme, puisqu'elle sait se métamorphoser si rapidement et si complètement.

L'homme à qui ont manqué la distinction native et la bonne éducation maternelle a plus de peine à se former. S'il est né avec des dehors communs, il est rare qu'il ne les conserve pas et que la fortune, au lieu de lui donner l'aménité, la simplicité, la bienveillance, ne lui donne pas la dureté, la vanité, la morgue.

Une nation ne tarde pas à être ce que les femmes la font.

Par leur instruction quoique tardive et par l'éducation de leurs filles, dès le berceau, des mœurs nouvelles se feront.

La lie qui dépose au fond de toute société tend constamment à diminuer. Il y en a déjà moins qu'au commencement de ce siècle, où, dans les régions profondes, si peu savaient lire, hommes et femmes.

Ce que, dans notre temps, il convient d'observer, ce n'est pas la femme qui tue l'homme, c'est la femme qui tue la vieille société expirante, c'est la femme à qui l'homme avait abusivement enlevé son rang et qui le reprend légitimement.

Pour se rendre compte du chemin que

déjà elle a fait dans cette direction, il suffit, mon cher Dumas, de comparer votre livre écrit en 1880 et votre livre écrit en 1872, où vous n'osiez pas encore prendre parti pour le divorce, qui est une transition, mais qui n'est pas une solution, puisqu'il ne dénoue ni ne tranche la question de l'indivisibilité de l'enfant.

Après séparation ou divorce, à qui l'enfant, s'il est unique, appartiendra-t-il ?

Appartiendra-til à la mère ou au père ?

Si le tribunal saisi de la cause prend parti pour le père, que devient la maternité? s'il prend parti pour la mère, que devient l'autorité légale du mari ?

Dans l'un comme dans l'autre cas, quel respect l'enfant pourra-t-il garder soit pour sa mère, qui l'a mis au monde au péril de sa vie, soit pour son père, qui, assurément, ne se condamnera pas à ne remplacer jamais par aucune autre femme la femme qu'il aura fait judiciairement condamner comme adultère?

Plus j'y ai réfléchi, plus je me suis affermi dans la conviction que, toutes les fois que la société se trouvait aux prises avec un problème qu'elle ne pouvait résoudre, elle n'avait à faire qu'une seule chose, c'était d'en demander la solution à l'humanité.

Celle-ci ne s'égare pas et n'égare pas.

L'humanité a fait la femme l'égale de l'homme, et la preuve, c'est qu'à l'exception de l'acte qui s'accomplit dans l'union des deux sexes, il n'y a pas une chose que fait l'homme que la femme ne puisse faire.

L'argument tiré de ce que la femme ne saurait être soldat, argument banal, n'en est pas un.

Et pourquoi ne pourrait-elle pas l'être ?

Est-ce qu'elle a moins de courage, est-ce qu'elle a moins d'intrépidité que l'homme?

Mais cette réponse, qui ne serait pas considérée comme suffisamment sérieuse, n'est pas celle que je ferai.

Je dirai qu'il faudrait désespérer de la raison humaine et du bon sens des hommes politiques, s'il était chimérique d'espérer qu'un jour reviendra où, en Europe, les armées seront assez réduites numériquement pour n'être plus, comme en Angleterre et aux États-Unis, qu'une carrière régie par ses règlements et alimentée par l'enrôlement volontaire.

Mon cher Dumas, vous dites :

« La femme serait mal venue à demander son admission aux fonctions de juge » civil et de juré ; il n'y a pas plus lieu » de lui accorder le droit de diriger l'État » qu'il n'y a lieu de lui imposer le devoir de le défendre. Qu'elle soit soldat » d'abord, elle sera juge, consul ou juré » ensuite. »

Trancher ainsi la question (p. 123), c'est vous mettre en contradiction avec ce que vous écrivez quelques pages plus loin (pp. 179, 200 et 201) :

« Tout s'enchaîne, tout est de logique » et de déduction dans le monde moral » et dans le monde physique.

» Si des femmes comme Clotilde, qui » a fait convertir les Francs, Anne de » Beaujeu, la bonne reine Anne, Blanche » de Castille, Élisabeth de Hongrie, » Élisabeth d'Angleterre, Catherine la » Grande et Marie-Thérèse ont régné » comme elles l'ont fait, elles ont prouvé » qu'elles pouvaient régner par l'intelli- » gence et l'énergie aussi bien que les » hommes. »

Dès que vous en êtes arrivé à admettre que « le féminin doit être électeur », que vous le vouliez ou que vous ne le vouliez pas, il sera éligible; et, s'il n'est pas « juge civil, juré », étant licencié, docteur en droit, c'est qu'il ne le voudra pas.

Étant électeur et éligible, ce qui implique qu'on pourra être élu sénateur ou député, et participer, en l'une ou l'autre de ces deux qualités, à la discussion et au vote de la loi, « le féminin », s'il pense qu'il y a des fonctions qu'il ne convient pas qu'il remplisse, le déclarera et votera en conséquence.

Il votera que pour être « juge », il votera que, pour être « juré », il votera que pour être « consul », il faut remplir telles conditions, dont l'une d'elles sera d'appartenir au sexe masculin, ainsi que l'exige l'article 37 du Code civil pour être témoin aux actes de l'état civil.

On le voit, rien de plus simple.

Désormais, sous le régime dit de la souveraineté nationale et du suffrage universel, ce ne serait plus l'homme exclusivement qui prononcerait sur le sort de la femme, qui fixerait législativement son état civil et son état politique; ce seraient concurremment l'homme et la femme, ayant le même droit de monter à la même tribune et d'y déposer chacun son bulletin de vote dans la même urne.

Alors, la France électorale, au lieu d'être représentée par dix millions d'électeurs, en compterait vingt millions; alors le suffrage universel ne serait plus un mensonge légal, puisqu'il n'y aurait plus hors de lui que les mineurs et que les repris de justice frappés d'incapacité judiciaire.

Ou je n'ai plus de clairvoyance, ou ce serait l'avénement d'une politique plus haute, plus profonde et plus large, de moins en moins révolutionnaire et de plus en plus sociale, dans la meilleure acception de ce dernier mot.

Ce qui est certain, c'est que les questions qui intéressent le plus l'avenir de la démocratie sont celles au fond desquelles n'est descendu aucun des gouvernements qui se sont succédé depuis que la République a été proclamée en France pour la première fois.

L'homme n'est pas sorti de l'ornière qu'il a creusée depuis cette époque et qu'il continue de creuser. Il en est encore à revendiquer, et toujours en vain, la liberté de la presse, la liberté de réunion, la liberté d'association et la liberté d'enseignement. Ces quatre libertés cardinales sont des instruments puissants aux mains de l'Élite; mais, si celle-ci ne les fait pas servir efficacement à diminuer de plus en plus l'écart qui existe entre elle et la Multitude, de quelle utilité sont-ils pour cette dernière?

Que gagnera-t-elle, par exemple, à l'échange du scrutin uninominal d'arrondissement contre le scrutin plurinominal de département, au maintien ou à la suppression de l'inamovibilité de la magistrature?

Aussi longtemps que la femme, devant la loi, ne sera pas l'égale de l'homme, il ne faut pas compter que la politique change de cours et qu'elle diffère sensiblement dans l'avenir de ce qu'elle a été dans le passé.

Le passage suivant de votre livre mérite qu'on s'y arrête :

« La femme ne doit plus faire du

mariage son seul but et de l'amour son seul idéal ; elle peut se passer de l'homme pour conquérir la liberté, et la liberté qui lui viendra par le travail sera bien autrement réelle et complète que la liberté purement nominale qui lui venait par le mariage. »

Lorsque vous tenez ce langage, mon cher Dumas, vous ne voyez que la société et ses vices, vous ne voyez pas l'humanité et ses lois.

La loi de la femme, sa loi suprême, c'est la maternité. « Son but », c'est d'être mère ; « son idéal », c'est d'avoir de beaux enfants dont elle soit fière ; des enfants dont elle soit l'ange gardien ; des enfants qui soient l'objet de toutes ses préoccupations et continuent d'être l'occupation de ses journées à l'âge où le vide se fait naturellement autour de la femme qui a mûri ; des enfants qui soient son appui et qui aient pour elle, dans sa vieillesse, les soins que, dans leur enfance et leur jeunesse, elle aura eus pour eux.

C'est parce que le rôle de la mère dans la société n'est pas tout ce qu'il pourrait, tout ce qu'il devrait être, que notre société est encore si défectueuse, si vicieuse, et que le problème pénal y paraît insoluble. L'amour maternel est une corde qui ne vibre encore qu'imparfaitement, une corde qui ne rend pas tous ses sons.

A la mère qui a un enfant à allaiter, un enfant à surveiller, un enfant à élever, un enfant à instruire, un ménage à soigner, et qui n'a pas de « bonne » pour l'aider ; à plus forte raison à la mère qui a deux enfants, trois enfants, quelquefois plus, quel travail, en sus de l'accomplissement de cette tâche, voulez-vous demander? de quel travail peut-elle être capable, à moins de négliger celui pour lequel il est impossible de la remplacer !

« La liberté qui vient à la femme par le travail, » ce n'est pas sa liberté, c'est sa perversion. J'excepte le travail des champs, le travail chez soi, et plus particulièrement encore le travail de la pensée. J'excepte aussi la fonction d'institutrice, parce qu'elle ne sépare pas l'enfant d'avec la mère. Lorsque la femme fait concurrence à l'homme, ce n'est pas le bien être du ménage qu'elle augmente, c'est le taux du salaire qu'elle diminue, c'est le taux du salaire qu'elle fait baisser.

Au trouble social, dont la nourrice est l'une des causes les plus profondes, il faut ajouter l'aggravation par la crèche, cette invention moderne portée aux nues par des gens qui ne vont au fond de rien.

Que fait la crèche?

Elle délie le lien de la mère à l'enfant et de l'enfant à la mère; le ménage n'est plus que le gîte nocturne, et le gîte nocturne est plus que jamais la contagion du cabaret.

Lorsque vous y aurez aussi mûrement réfléchi que moi, mon cher Dumas, vous serez de mon avis et vous ne serez plus du vôtre; vous ne direz plus que « la femme peut et doit se passer de l'homme ».

Non, non, la femme ne doit pas se passer de l'homme.

A chacun sa fonction.

A lui de travailler pour elle;

A elle d'être le repos dans un intérieur qu'elle s'applique à lui faire aimer.

S'il est brutal, s'il est paresseux, s'il est enclin à l'ivrognerie, le moyen qu'elle aura de l'assouplir, de le stimuler, de le retenir, ce sera de le menacer de se séparer de lui en emmenant avec elle ses enfants, qui, légalement, seront exclusivement à elle, et ne seront à lui que par son attachement à eux.

Dans l'ordre de mes idées, où tout

s'enchaîne, la mère acquiert ainsi une force qui protège la faiblesse de la femme, mais à la condition que, dans l'avenir, la maternité ne soit plus jamais une honte et soit toujours un honneur.

Et pourquoi une honte?

Cela ne se comprend, ni ne s'explique.

Le vrai, c'est l'union libre nouée entre l'homme et la femme en connaissance de cause et s'ennoblissant par sa durée : c'est le ménage.

Le faux, c'est l'union indissoluble contractée en toute ignorance réciproque et s'avilissant par l'adultère : c'est ce qu'on appelle le mariage.

Le vrai, c'est le régime du douaire constitué en vue des enfants probables.

Le faux, c'est le régime de la dot, à

laquelle les enfants à naître sont insoucieusement sacrifiés.

Un État a tort lorsqu'il se désintéresse des générations futures.

Il y a dans votre livre, mon cher Dumas, une grande vérité.

C'est celle-ci :

« La science est la religion de l'avenir. »

La science touche à la limite où le poison qui laissait des traces après la mort n'en laissera plus aucune, absolument aucune; où, conséquemment, la liberté dans le mariage, la liberté dans le ménage sera la seule garantie efficace contre le risque inhérent aux unions indissolubles, si mal assorties qu'elles sont devenues de véritables tortures étouffant le cri de la conscience dans le délire du désespoir et dans la révolte contre la société en opposition avec l'humanité.

C'est cette opposition qu'il faut combattre; c'est cette opposition qu'il faut détruire.

Moi, je respecte l'humanité.

Vous, vous la fausseriez, s'il était possible que votre proposition prévalût.

Que serait et que vaudrait une société où « la femme s'appliquerait à se passer de l'homme », une société qui serait l'antagonisme de l'homme et de la femme au lieu d'en être l'association? Elle vaudrait moins encore que la société actuelle.

Ne tentez pas de la défaire pour la

refaire. Vous risqueriez de faire pire.

Vous et moi ne demandons rien de plus et rien de moins que ce que veut l'humanité, rentrée dans la plénitude de ses droits.

L'humanité, c'est la nature.

Est-ce que l'enfant peut se passer de la mère ? — Non.

Est-ce qu'en cas de dissentiment entre la mère et le père, l'enfant peut se partager? — Non.

Est-ce que l'indivisibilité de l'enfant n'est pas une loi de nature ? — Oui.

Alors, de qui donc la loi de nature veut-elle que l'enfant soit la propriété, jusqu'au jour où il sera le propriétaire de lui-même ?

Veut-elle que l'enfant soit la propriété du père, qui est le doute? — Non.

Veut-elle que l'enfant soit la propriété de la mère, qui est la certitude? — Oui.

Demandons qu'il en soit ainsi.

Nous le demanderons en vain de notre vivant; mais ce n'est point une raison pour ne pas le demander.

La marche de la vérité est lente; mais l'honneur de la délivrer de ses ennemis est d'autant plus grand qu'on l'a devancée de plus loin, et qu'il a fallu plus de vaillance, plus de constance pour les combattre et les désarmer.

Avec nous, nous aurons les trois millions d'enfants que la société met arbitrairement hors sa loi, et dont le nombre grossit constamment sous les noms d'enfants naturels et d'enfants adultérins. Ce seront les soldats de la cause dont nous aurons arboré le drapeau.

Après l'abolition de l'esclavage et après l'abolition du servage, quelle plus glorieuse abolition que celle de la bâtardise, cette inégalité sociale, cette iniquité légale !

II

La liberté, à l'enfance de laquelle nous assistons, n'est pas un faux culte, n'est pas un vain mot.

Elle est l'acheminement vers leur fin de toutes les iniquités légales, de toutes les inconséquences sociales.

Elle sera l'avènement du monde nouveau, qui aura pour axe la souveraineté du Nombre.

Dans ce monde nouveau, il n'y aura

plus d'inégalité civile et d'inégalité politique entre l'homme et la femme ; il n'y aura plus d'inégalité civile et sociale entre les enfants de la même mère : tout ce qui ne pourra pas supporter l'épreuve redoutable de la discussion, l'épreuve décisive de la publicité, succombera, non sans résistance, mais sans merci.

Il faut que les privilégiés de l'ordre social, qui s'écroule pierre à pierre, se résignent et se préparent à l'inévitable changement de conditions qui les attend et qui les menace.

Ce qui serait heureux pour eux, ce serait qu'une révolution par la violence éclatât, car elle ne tarderait pas à être suivie d'une réaction qui retarderait la révolution par la science, la révolution par l'équité, la révolution par la logique, celle qu'ils ont le plus à redouter, parce que celle-ci sera définitive et ne reculera pas.

Par son essence même, le Nombre, dont le suffrage universel a inauguré le règne, est exclusif de tout ce qui, de près ou de loin, ressemble à un privilège.

Le 5 mars 1848, le jour où un décret abolissant le cens électoral a décerné le droit de vote à tous les Français âgés de vingt et un ans, sans distinction entre ceux qui avaient appris à lire et ceux qui ne le savaient pas, entre riches et indigents, entre maîtres et valets, sans autre exclusion que les repris de justice frappés d'incapacité politique, ce jour-là, les femmes ont été assurées qu'elles ne seraient pas longtemps privées d'un droit qui n'exceptait même pas les hommes à gages.

Comment interdire par la loi à la femme illustre, à la femme de génie, à la femme de talent, à la femme de science reçue bachelier ès lettres, bachelier ès sciences, docteur en droit, docteur en médecine, comment lui interdire de prendre part à l'élection de conseiller municipal, à l'élection de conseiller général, à l'élection de sénateur, à l'élection de député, lorsque le domestique qui la sert est appelé à y concourir, et que la porte de la Mairie s'ouvre devant lui à deux battants?

Est-ce admissible?

Est-ce soutenable?

Est-ce que cette interdiction ne blesse pas le bon sens et ne fausse pas toutes les notions de la justice? Est-ce qu'elle résiste à un examen consciencieux et à un débat sérieux?

Si ce n'est sur la routine et l'arbitraire, sur quoi se fonde-t-elle?

De quoi s'agit-il?

Il s'agit, à certains degrés, d'élire le mandataire présumé devoir être le représentant le plus judicieux et le plus fidèle des intérêts, des sentiments, des opinions du mandant.

Est-ce que, dans la société où ils vivent tous les deux, la femme a des intérêts, des sentiments, des opinions dont il y ait moins lieu de tenir compte que des opinions, des sentiments, des intérêts de l'homme à son service, communément condamné à l'obéissance passive par les traditions de la domesticité?

Dans le suffrage universel masculin, proclamé le 5 mars 1848, a été inconsciemment, mais implicitement, inclus le suffrage universel féminin.

S'il n'y était pas implicitement inclus, pourquoi, laissant à l'écart dix millions sur vingt millions d'électeurs, le législateur l'a-t-il faussement appelé le suffrage universel ?

On peut accumuler contre le suffrage universel féminin toutes les objections imaginables, on ne réussira qu'à en retarder l'avènement.

Cet avènement, on ne l'empêchera pas.

Il est inévitable.

Comment l'éviterait-on, quand déjà l'homme et la femme attestent leur égalité d'intelligence en faisant les mêmes études, en recevant la même instruction, la même éducation, en lisant les mêmes journaux, les mêmes livres, en obtenant les mêmes diplômes après avoir subi les mêmes épreuves !

Il est dans le cours des choses, comme il est dans le cours d'un fleuve, d'avoir son embouchure à l'extrémité opposée à sa source. L'embouchure du suffrage universel masculin, c'est le vote de tous, sans distinction de sexe.

Que ceux qui ne sont pas de cet avis s'embarquent au Havre pour New-York et visitent les États-Unis, où le suffrage ...versel nous a devancés ; ils y verront ...rrain que la femme, que « le ...uiert chaque année avec ...esse acquise.

Comité

...mmes.

...ion y compte

plusieurs années d'existence, ainsi que *the Women's medical College*, qui a décerné récemment le diplôme de médecine à dix jeunes femmes. Une autre association a pris le titre de *the National Women's suffrage Association*. Elle a pour présidente mistress Élisabeth Cady Stauton.

Ce qu'on va lire est extrait du *Leader* de Cheyenne :

Dix ans d'expérience ont prouvé l'excellence de l'extension aux femmes du droit de suffrag[illegible] La population de l'État en est devenue meill[illegible] et plus soumise à la loi; chacun y a trou[illegible] incitation à s'élever; les femmes, les m[illegible] filles se sont identifiées de vues et d'int[illegible] leurs pères, leurs maris et leurs frère[illegible] politique y a gagné la vie et la san[illegible]

Les plus brillantes espérances [illegible] suffrage de la femme se sont d[illegible] ceci doit hâter le jour où l'influence civilisatrice et moralisante de la femme portera ses bienfaits à travers tous les États de l'Union.

Le gouverneur du territoire de Wyoming, le professeur John V. Hoyt, homme de grand savoir, dit de son côté :

L'enquête scrupuleuse et les nombreuses observations que j'ai faites dans toutes les sections du territoire, pour me rendre compte des effets pratiques du droit de suffrage exercé par les femmes, me portent à déclarer que les faits sont partout en faveur de ce système.

En lui-même, le droit de suffrage des femmes est indéniable, et il est certain que l'avenir lui appartient dans toute société.

Ce qui précède est confirmé par un journal non suspect, *the New-York Observer*, s'exprimant ainsi sur la foi de ses correspondants :

Les femmes de Wyoming, et particulièrement celles de la classe élevée, tiennent en honneur le droit de suffrage et l'exercent comme font les hommes.

Les élections s'accomplissent avec autant de tranquillité et de décorum que tout autre acte public; et je suis pleinement convaincu que, si les hommes et les femmes peuvent, sans préjudice aucun, se trouver réunis au foyer, à l'école, à l'église et dans toute relation de la vie, du berceau à la tombe, il en est de même au scrutin ; là aussi, les femmes, sans inconvénients pour la morale, s'associent momentanément à leurs pères, à leurs maris, à leurs fiancés et à leurs frères.

Non seulement toute dame ici admet la valeur du système, mais la société y trouve les plus précieux avantages. Les seuls éléments sociaux qui soient opposés aux droits de suffrage des femmes sont les gens vicieux et corrompus.

Par suite de l'influence des femmes dans les

élections, les divers partis politiques ont reconnu la nécessité de porter comme candidats les hommes les plus recommandables sous tous les rapports. Agir autrement, c'est courir à un échec certain.

Un autre témoignage à citer est celui de l'honorable J. W. Kingman, de Wyoming, adressé au *Sunday Herald*, de Boston :

Nos femmes votent, et elles attachent à l'exercice de ce droit autant d'intérêt que les hommes. Les meilleures et les plus instruites parmi elles donnent l'exemple; toutes votent avec discernement et indépendance; elles ne sont point sujettes comme les hommes à se laisser entraîner par l'offre d'un petit verre ou à s'enrôler dans les coteries.

Au scrutin, comme dans toutes les relations de la vie, c'est par une opposition tranquille, mais qui n'en est pas moins sûre d'atteindre son but, qu'elles repoussent les éléments mauvais et secondent les éléments bons et sincères.

Tous ici, nous commençons à ressentir et à apprécier l'influence du droit de suffrage des femmes. Quiconque ambitionne un poste public dans le territoire de Wyoming doit posséder une bonne conduite privée et une réputation sans tache. Inutile de se porter candidat si l'on est enclin à la débauche, au jeu ou à l'ivrognerie. En tel cas, la défaite est certaine.

Une déclaration importante, une déclaration décisive, c'est celle de l'honorable J. H. Howe, président de la Cour suprême de Wyoming :

Malgré tous mes préjugés en cette matière, je dois en conscience déclarer que les femmes se sont acquittées de leurs fonctions de jurés avec une telle dignité, un tel décorum, un tel tact, une telle intelligence, qu'elles ont forcé l'admiration de tout citoyen intelligent de Wyoming.

Elles se sont montrées soigneuses, attentives, infatigables, intelligentes et consciencieuses.

Elles ont constamment, avec fermeté et résolution, pris la défense du droit tel que l'établissaient la loi et les témoignages.

Leurs verdicts ont été corrects, et, après trois ou quatre procès criminels jugés ainsi, les avocats défenseurs de gens accusés de crimes commencèrent, pour plaire à leurs clients, à user de leur faculté de récuser un certain nombre de jurés, afin d'écarter ces femmes qui appliquaient la loi et punissaient le crime.

Après deux jours de session du grand jury, les propriétaires de salles de danse, de maisons de jeux et de débauche, pris d'épouvante, fuyaient la cité pour échapper à la répression de ces jurés féminins.

Enfin, durant vingt-cinq années d'expérience dans les tribunaux de la contrée, je n'ai jamais vu de jury, petit ou grand, plus fidèle, plus intelligent, plus résolument honnête que ces jurys de femmes.

Qu'allez-vous penser, mon cher Dumas, de ce témoignage et du bill qui déclare les femmes aptes à remplir exemplairement les fonctions de jurés et à faire partie des cours suprêmes de justice?

La présidence des États-Unis a été offerte à mistress Victoria Woodhall, sans que cette offre ait été tournée en dérision. Mistress Victoria Woodhall possède un des plus grands talents de parole. Plus de dix mille auditeurs se pressent à Londres à ses conférences de Saint-James Hall et de Mechanic's Hall, où elle expose et discute les conditions politiques et sociales des États-Unis. Les droits et les devoirs de la maternité n'ont pas de plus éloquent défenseur.

Des femmes administrent des paroisses, célèbrent les cérémonies du culte, les mariages, les baptêmes, les obsèques. (Mistress Julia Ward Howe, *Conférence à Paris*.)

Le système d'éducation en commun des deux sexes est appliqué dans plus de cinquante collèges; la supériorité de ce mode d'instruction ne fait plus l'objet d'aucun doute.

Le nombre de femmes employées dans le service des postes dépasse 4,000.

Dans l'État de New-York, les deux tiers des membres enseignants dans les écoles publiques sont des femmes, et la plupart sont jeunes. Le nombre dépasse

22,000 (vingt-deux mille). Les femmes votent *conjointement* avec les hommes pour les candidats aux fonctions de directeurs et d'inspecteurs des écoles publiques. Elles votent avec empressement. Beaucoup de femmes, reçues docteurs, y exercent la médecine avec succès; beaucoup sont bibliothécaires, car le nombre est très grand des bibliothèques communales.

Dans l'État de Massachussetts, l'Université des femmes de Wellesley compte plus de trois cents étudiantes et plus de huit institutrices pour un instituteur.

Dans l'État de Wisconsin, un bill a reconnu aux femmes mariées le droit d'électeurs et d'éligibles pour toutes les fonctions publiques. Ce bill est soumis à la ratification du peuple. Miss Lavinia Goodsell, d'un talent de parole et d'un savoir non contestés, a été admise comme avocat par le tribunal supérieur. A Milwaukee, mistress Kate Kane a été également admise à plaider en qualité d'avocat.

Dans l'État d'Ohio, miss Agnès Scott, de Tiflin, après diplôme obtenu, a été admise en qualité de juge par la Cour suprême. (*National Citizen.*)

Dans l'État d'Iova, l'Académie des sciences de Davenport a décerné sa présidence à mistress Putman, et cette élection a été acclamée.

Dans l'État d'Illinois, le Simpson College d'Indianapolis a nommé pour son professeur de langue grecque miss Josie Baker, qui, outre le grec, qu'el' lit et parle couramment, est familière avec le latin, le français et l'allemand. A l'âge de huit ans, elle avait déjà traduit Homère et d'autres auteurs grecs ; elle n'est encore âgée que de seize ans et elle est très forte en mathématiques.

Dans le territoire de Washington, le nombre des femmes employées dans les fonctions publiques dépasse 1,300.

En Californie, à San-Francisco, je l'ai dit, mistress Gordon, vêtue de noir, avec rose à son corsage, plaidant pour un accusé de meurtre, l'a fait acquitter aux applaudissements de l'auditoire.

Cet effort de la femme pour atteindre à l'égalité avec l'homme, ce qui est son droit, n'a pas lieu exclusivement aux États-Unis.

En Angleterre :

La Chambre des communes est saisie chaque année d'une motion à l'effet de restituer aux femmes le même droit d'élection qu'aux hommes. Ce n'est plus qu'une question d'opportunité en faveur de laquelle s'est prononcé, en 1877, sir Stafford-Northcote, alors chancelier de l'Échiquier. A cette époque, un orateur avait prétendu à la tribune que les femmes, particulièrement celles qui avaient contribué à la fondation de Girton (collège de femmes à Cambridge) attachaient peu d'intérêt au droit de suffrage féminin. Cette assertion a été énergiquement et éloquemment relevée par mistress William Grey, à qui ses efforts pour élever de plus en plus le niveau de l'instruction des jeunes filles ont acquis une grande autorité. La réunion, qui était nombreuse, avait lieu dans les salons de lady Anna Gore-Langton. « Depuis que je m'occupe des conditions d'existence des femmes, a dit en substance mistress William Grey, j'ai reconnu de plus en plus combien il est nécessaire qu'elles soient investies du droit de vote pour atteindre à une éducation plus haute. »

En vertu du *Married women's Property act*, voté en 1870, les femmes anglaises jouissent de plusieurs droits qui leur sont refusés en France.

Ainsi, les salaires et les profits d'une femme mariée, acquis par elle dans tout emploi ou commerce qu'elle exerce indépendamment de son mari, doivent être regardés comme la propriété de la femme et destinés à son usage personnel, sans l'intervention du mari. Il en est de même pour tout argent gagné et toute propriété acquise par elle en appliquant ses aptitudes littéraires, scientifiques ou artistiques. Le placement de ces salaires, profits et bénéfices est aussi sa propriété personnelle. Les quittances que la femme délivre pour ses propriétés personnelles assurent la libération des débiteurs.

Les dépôts faits à une caisse d'épargne par une femme avant son mariage restent la propriété de la femme; il en est de même des dépôts faits par la femme mariée, à moins qu'ils n'aient été faits avec les deniers du mari et sans son consentement, auquel cas la cour peut en ordonner la restitution à celui-ci.

La femme peut souscrire une police d'assurance à son profit, ou sur sa vie ou sur celle de son mari.

La femme mariée a droit d'ester en justice et de réclamer, en son propre nom, les salaires, profits, argent et propriété qui constituent la propriété personnelle que lui reconnaît la loi.

A Londres :

Jeunes gens et jeunes filles sont admis à l'*University College* sans que cette innovation ait donné lieu à aucune plainte, à aucune objection, ni sous le rapport de la discipline ni sous le rapport des convenances. Les étudiantes l'ont emporté, aux examens, sur les étudiants, dans une proportion presque double.

L'Université de Londres admet les femmes à recevoir tous leurs degrés comme les hommes. La nouvelle Charte est entrée en vigueur avec l'année 1879. Par suite, onze femmes se sont présentées à l'examen d'immatriculation qui correspond au baccalauréat ès lettres. Une seule a été refusée; les dix autres ont été admises, dont neuf avec *honours* (distinction d'honneur).

A Manchester :

La *Société pour l'extension des droits électoraux aux femmes* a tenu sa séance annuelle sous la présidence de l'alderman Bennett.

A Cambridge :

Affluence croissante à l'Université de jeunes étudiantes.

A Liverpool :

Ouverture par la comtesse de Derby d'un collège pour les jeunes filles, pouvant contenir 360 élèves.

En Irlande :

Il existe une association pour le suffrage des femmes, qui tient à Belfast ses assemblées annuelles.

L'École de Médecine d'Irlande vient d'élire membres de l'Université miss Jex Blake et deux autres femmes possédant, comme elle, le grade de licenciées en médecine.

En Allemagne :

La Clinique féminine instituée à Berlin par madame Henriette Hirschfeld, de concert avec une autre dame reçue médecin à la même époque qu'elle, n'a pas eu, dans le courant d'une seule année, moins de 3,162 consultations réparties entre 1,119 personnes. Ces deux dames docteurs jouissent d'une grande réputation à Berlin, où elles ont acquis une nombreuse clientèle particulière.

Il en est de même de mademoiselle Dahms, à Hambourg.

En Espagne :

L'Université de Barcelone a reçu docteur la señorita Dolores Aleu, qui a passé ses examens avec le plus éclatant succès.

En Hollande :

Il existe une association industrielle et artistique des travailleuses, présidée par madame Menalda Harmans et qui a ouvert à Leeunardeu une exposition exclusive de ses produits.

En Russie :

Une jeune fille russe, mademoiselle Zenaïde Ocounkof, a passé, à Paris sa thèse du doctorat en médecine.

Le sujet était : « Du rôle physiologique de l'éther en injections sous-cutanées, et de son emploi comme médicament excitant et stimulant. » Le professeur président, le docteur Verneuil, a félicité la jeune femme sur ses notes d'études qui, a-t-il dit, la classaient parmi les élèves « érudits » ; puis il s'est étendu sur la valeur de la thèse, sur les données scientifiques nouvelles qui y étaient émises et sur la science qu'il avait fallu pour concevoir et développer le sujet.

M. le président Verneuil a encouragé vivement mademoiselle Ocounkof à poursuivre les travaux qu'elle a exposés dans sa thèse, et lui a dit que, si elle parvenait à multiplier ses preuves et à en démontrer la certitude, « elle attacherait son nom à la science[1] ». Au début de ses études, mademoiselle Ocounkof avait déjà mérité les éloges publics de M. Broca.

Une dame russe, madame Bernadsky, a été également reçue à la Faculté de médecine de Paris. Elle a soutenu une

1. « Les femmes ont une aptitude toute spéciale pour la médecine, là où il leur est donné de s'y essayer. » (*Académie des sciences morales et politiques.*)

thèse remarquablement faite sur un sujet d'histologie.

En Finlande :

L'Université de Helsingsfors a conféré, après un rigoureux examen, le grade de docteur en médecine à mademoiselle Rosine Heykel.

En Suisse :

Le peuple du canton de Bâle-Campagne, consulté en plébiscite (*referendum*) sur une loi qui abolit la tutelle légale des femmes, a donné son approbation à cette loi.

En Autriche :

Un comité de la diète de Croatie a décidé que les femmes pourront être élues membres des conseils des communes (conseils municipaux).

En Roumanie :

L'égalité de la femme a de nombreux partisans dans le Parlement.

Cinq jeunes filles roumaines, dont la plus âgée avait dix-neuf ans, ont été reçues bachelières ès lettres et bachelières ès sciences avec les mentions les plus flatteuses.

Le relevé suivant du nombre des femmes qui sont, en France, docteurs en médecine, licenciées ès sciences, bachelières ès sciences et ès lettres, ou simplement bachelières ès lettres, a naturellement sa place ici :

Docteurs en médecine (5). — Mlle Marie

Verneuil (Faculté de Paris, 1870). — Mlle Androline Domergue (Montpellier, 1875). — Mme Madeleine Brès, née Gobelin (Paris, 1875). — Mme Ribard (Paris, 1876), exerçant à Nantes. — Mlle Anna Dahms, du Nord (Paris, 1877).

Licenciées ès sciences (2). — Mlle Emma Chenu (Paris, 1868), auteur d'ouvrages pédagogiques. — Mlle Lye (Paris, 1878).

Bachelières ès sciences et ès lettres (2). — Mlle Benoist, de Fontenay-le-Comte (Poitiers, 1867 et 1875). — Mlle Amélie de Barrau de Muratel (Toulouse, 1876).

Bachelières ès sciences (7). — Mlle Pérez, de Bordeaux (Bordeaux, 1871). — Mlle Cornebois, de Constantine (Aix, 1872). — Mlle M. Hugonin, de Lambin (Isère) (Paris, 1873). — Mlle E. Guenot, de Bouillandy (Oise) (Paris, 1873). — Mlle Émilie Desportes, d'Orléans (Paris, 1877). — Mlle Leblois, de Strasbourg (Toulouse, 1878). — Mlle Joséphine Sénéchal (1879).

Bachelières ès lettres (20). — Mlle J. Renguer de la Lime, d'Alger (Aix, 1866). — Mlle C. Sibert, de Vienne (Lyon. 1866). — Mlle Berthe Mandel, de Rouen (Paris, 1868). — Mlle C. Bulat, de Ronchère (Paris, 1870). — Mlle Marie Florent (Douai, 1871). — Mlle Bontemps, de Paris (Paris, 1871). — Mlle Alexis, fille d'un conseiller général de Marseille (Aix, 1872). — Mlle Regnault, de Marseille (Aix, 1872). — Mlle Pugnault (Lyon, 1872). — Mlle Marie-Élise-Sophie Paturel (Paris, 1874). — Mlle Olon, de Toul (Nancy, 1875). — Mlle Yéméniz, petite-fille du savant bibliophile lyonnais (Lyon,

1877). — Mlle Marie-Zélie Boulard, institutrice à Toulon (Aix, 1877). — Mlle Lahille, de Toulouse (Toulouse, 1878). — Mlle Gidel, de Paris (Paris, 1878).— Mlle Henriette Griess (Paris, 1878). — Mlle Justine Ityll, de Delaygue (Aix, 1878). — Mlle Louise Audiat, de Saintes (Poitiers 1878).

Le fait de la femme votant conjointement avec l'homme, ce fait contre l'accomplissement duquel protestent, en ricanant, le plus grand nombre de vos lecteurs et des miens, mon cher Dumas, n'est pas nouveau ; car le XIVe siècle en fournit un exemple rapporté par M. Germain, professeur d'histoire à la Faculté de Montpellier, dans son étude sur *le Consulat à Courmonterral*[1],

1. Le *Consulat à Courmonterral* a été publié en

petite commune des environs de Montpellier.

Le 8 août 1334, l'établissement du Consulat fut mis aux voix. Les femmes votèrent avec les hommes. La liste des adhésions renferme 37 noms de femmes sur 175 noms.

Non seulement les femmes étaient admises à voter, mais une amende de cinq sols était infligée à quiconque s'abstenait de voter les jours d'élection. C'était donc plus que le suffrage universel, c'était le suffrage obligatoire.

Il y a d'autres exemples, en diverses circonstances, de femmes qui votaient.

En Lombardie, jusqu'en 1859, la

1855; on le trouve à la Bibliothèque nationale sous cette cote : L 7, K 2285.

femme propriétaire faisait partie des conseils communaux.

Aux siècles derniers et au commencement de ce siècle, l'exemple, en France, descendait ; il y descend encore lorsqu'il s'agit de la mode des vêtements ; mais, lorsqu'il s'agit du progrès des idées, maintenant il monte.

Un congrès, s'intitulant *Congrès ouvrier socialiste de Marseille*, a eu lieu l'an dernier, en octobre 1879 : a-t-il été retenu par le boulet de la routine ? a-t-il hésité à reconnaître et à proclamer que, la femme étant naturellement l'égale de l'homme, devait l'être légalement, devait l'être législativement ? — Non. Ses conclusions ont été formelles ; les voici :

Le Congrès ouvrier socialiste de Marseille, considérant tout l'avantage qu'il y a pour le prolétariat à se ménager le concours des femmes dans sa lutte contre les privilégiés, émet le vœu que l'éducation civique des femmes soit l'objet d'une attention toute particulière. Les hommes les admettront dans leurs réunions, cercles d'étude, comités socialistes électoraux, où elles auront voix délibérative.

Le Congrès, considérant que l'homme et la femme sont équivalents devant la nature, considérant qu'ils sont aussi indispensables l'un que l'autre à la perpétuation de la société, déclare qu'ils doivent régir ensemble cette société, former et partager l'exercice des mêmes droits, tant dans la vie publique que dans la vie privée.

Le Congrès partant de ce principe, l'*égalité absolue des deux sexes*, reconnaît aux femmes les mêmes droits sociaux et politiques qu'aux hommes.

Le Congrès, considérant que les préjugés qui, sous le nom de convenances, restreignent la liberté de la femme sont préjudiciables à son émancipation, décide qu'en toute circonstance les femmes auront comme les hommes leur liberté d'action. Cette liberté, entraînant chez elles le sentiment de la responsabilité, sera une garantie de dignité, de moralité.

Le Congrès, considérant qu'un rôle, pour être bien rempli, doit relever du choix de l'individu qui le remplit, n'assigne aucun rôle particulier à la femme; elle prendra dans la société le rôle et la place que sa vocation lui assignera.

Maintenant, la reconnaissance des droits ayant pour corollaire l'acquittement des devoirs, le Congrès émet le vœu que les devoirs inhérents à la maternité soient remplis par la mère seule. L'allaitement maternel est de rigueur, à moins que, par exception, l'allaitement de la mère ne soit un danger pour la santé de l'enfant.

A ce congrès d'hommes assistaient des femmes et parmi elles notamment mademoiselle Hubertine Auclerc, dont le succès à la tribune a été si grand, qu'elle fut acclamée présidente.

Le bureau était renouvelé tous les jours

et, à chaque séance, des femmes y siégeaient, soit comme assesseurs, soit comme secrétaires.

A la même époque, en octobre 1879, avait lieu à Paris un autre congrès, le *Congrès de l'éducation*, dont Victor Hugo acceptait en ces termes, qui méritent d'être cités, la présidence honoraire :

Paris, 16 octobre 1879.

Mes chers concitoyens,

Vous m'offrez votre présidence d'honneur, je l'accepte. Je ne pourrai prendre part à vos séances, je le crains, mais je fais les vœux les plus ardents pour le triomphe de vos idées, qui sont les miennes.

La jeunesse, c'est l'avenir. Vous enseignez la jeunesse, vous préparez l'avenir.

Cette préparation est utile, cet enseignement est nécessaire. Créer le jeune homme d'aujourd'hui, c'est faire l'homme de demain. L'homme de demain, c'est la République, c'est l'union, l'unité, l'harmonie, la lumière, le travail créant le bien-être, la suppression des conflits d'hommes et de nations, la fin des exploitations inhumaines, l'abolition de la loi de mort et l'établissement de la loi de vie.

Citoyens, cette pensée est dans vos esprits et je n'en suis que l'interprète ; le temps des sanglantes et terribles nécessités révolutionnaires est passé; pour ce qui reste à faire, l'indomptable loi du progrès suffit; d'ailleurs, soyons tranquilles, tout combat avec nous dans les grandes batailles qui nous restent à livrer, batailles dont l'évidente nécessité n'altère pas la sérénité des penseurs; batailles dans lesquelles l'énergie révolutionnaire égalera l'acharnement monarchique; batailles dans lesquelles la force unie au droit terrassera la violence alliée à l'usurpation ; batailles superbes, glorieuses, enthousiastes, décisives, dont l'issue n'est pas douteuse, et qui seront les Tolbiac, les Hasting et les Austerlitz de la démocratie.

Citoyens, l'époque de la dissolution du vieux monde est arrivée. Les antiques despotismes sont condamnés par la loi providentielle; le temps, ce fossoyeur courbé dans l'ombre, les ensevelit; chaque jour qui tombe les enfouit plus avant dans le néant.

La République, c'est l'avenir!

Je presse vos mains cordiales.

VICTOR HUGO.

Dans ce congrès, il était dit :

Affirmer le droit de l'enfant à la vie, à la santé, à l'instruction, au développement intégral de toutes ses facultés, à la satisfaction de ses besoins légitimes, à la liberté, c'est faire œuvre de justice et de progrès.

Étaient votés les vœux suivants :

L'enfant a droit à la santé, à l'éducation intégrale, au développement libre et complet de son être.

L'intérêt de tous est que ces droits de l'enfant soient respectés. Ils créent à la famille et à la société des devoirs 1° de protection et de surveillance; 2° de respect de la liberté intellectuelle de l'enfant, et 3° d'aide à sa faiblesse et à sa pauvreté.

Tous les établissements pour l'enfance : écoles, ateliers, écoles spéciales, ouvroirs, orphelinats; maisons de jeunes détenus, d'aveugles, de sourds-muets; couvents, cloîtres, etc., seront *ouverts* et surveillés par des commissions *issues de l'élection*.

Les enfants vagabonds ou pris en faute devraient être mis à l'école, au lieu d'être punis et conduits dans des maisons où leur corruption s'achève.

Le Congrès désire :

Que les jeunes filles et les mères de famille puissent assister aux exercices de l'école et s'initier aux soins de l'éducation des enfants;

Que les garçons de six à huit ans soient confiés comme les filles à des institutrices.

Être institutrice en effet voilà une fonction, une utile fonction pour la femme qui n'a pas d'enfants ou qui pourra et saura la concilier avec les devoirs impérieux de la maternité.

Si l'enfant pauvre a été privé du lait, des soins et de la surveillance de sa mère, si elle ne peut espérer qu'il sera un jour son appui et peut-être l'honneur et la fortune, que fera, que pourra faire la société pour empêcher qu'il soit d'abord un vagabond, puis un malfaiteur, puis un criminel tombant de récidive en récidive?

La preuve que le divorce, qui a existé en France pendant vingt-quatre ans, du 20 septembre 1792 au 8 mai 1816, serait un palliatif et ne serait que cela, c'est qu'il laisse subsister, sans la dénouer ni la trancher, la question culminante, la question fondamentale: celle de l'enfant.

Et la question de l'enfant, à laquelle je suis incessamment ramené, c'est la question de la maternité ; c'est la question de la société prise où elle doit être prise, dans sa source ; c'est la question de la réforme pénale et pénitentiaire, laquelle n'a pas d'autre solution que celle-là ; c'est la question de l'avenir dangereusement grossi de tous les problèmes ajournés, de toutes les iniquités amassées et de toutes les promesses que quatre révolutions n'ont pas tenues.

Si importante et si grave qu'elle soit, l'inséparable question de l'égalité de la femme devant la loi et de l'égalité des enfants devant la mère risquerait d'attendre indéfiniment sa solution, si cette solution, mon cher Dumas, devait être uniquement l'œuvre de vos efforts, des miens et de ceux tentés par quelques femmes et par quelques hommes avec la plus louable persévérance. Au nombre de ces hommes, il est juste de citer honorablement M. Léon Richer, fondateur et directeur du journal mensuel : *le Droit des Femmes*.

« La Société », ce qu'il est d'usage d'appeler ainsi par opposition à « la Multitude », dont le rôle a considérablement changé depuis qu'elle se nomme et qu'elle est la souveraineté, « la Société » n'a pas les sentiments qui maintenant vous animent ; ce que vous pensiez il y a huit ans, en 1872, quand vous écriviez L'HOMME-FEMME, et ce que vous ne pensez plus, elle continue de le penser.

LES FEMMES QUI TUENT ET LES FEMMES QUI VOTENT sont, à son avis, un mauvais livre ; c'est ce qu'elle dira également de L'ÉGALE DE L'HOMME ; ce qui blesse vos regards et les miens ne blesse pas les siens; ce qui nous paraît haïssable et devoir être réformé lui paraît nécessaire et devoir être conservé. Elle ne trouve pas excessif que sept enfants sur dix, envoyés en nourrice, meurent privés du lait et des soins maternels ; elle trouve juste que la fille qui a été séduite et qui a honte de sa grossesse jusqu'à ce point, dans son délire, d'étouffer son enfant, soit condamnée à mort pour crime d'infanticide. Le chiffre de trois millions de bâtards dans une population de trente-six millions d'hommes et de femmes, de vieillards et d'enfants, n'a rien qui la révolte; ces « bâtards », ces enfants « naturels », ces enfants « illégitimes », ces enfants qui rougissent et souffrent de s'entendre appeler ainsi, ils n'avaient qu'à ne pas naître!

— Mais, de leur naissance, ils ne sont pas responsables! mais ils en sont innocents! mais ce ne sont pas eux qui ont demandé à naître et à vivre!

— Qu'importe! qu'importe!

Alors, Société, sois conséquente! Si tes lois les frappent, alors qu'elles ne frappent pas la mère qui, dans sa logique inconsciente, épargne à son enfant, en le tuant, toutes les douleurs, toutes les hontes, toutes les luttes, toutes les tortures de l'existence dont il aura à subir les redoutables épreuves! S'il y succombe et n'en meurt pas, que dis-tu?

Tu dis : « Tant pis pour lui! »

Que fais-tu? — Rien.

Je me trompe et je t'accuse à tort : tantôt tu supprimes les tours, cette hypocrisie de l'infanticide, au nom de la morale indignée, et tantôt tu les rétablis au nom de l'humanité révoltée.

Aie donc une opinion ! aie donc une logique ! aie donc une conscience !

Si les enfants abandonnés de leur mère t'appartiennent, élève-les, console-les et ne les flétris plus !

Si les enfants sont la propriété de leur mère, laisse-la libre de prononcer sur leur existence, comme le père dans l'antiquité !

Si tu crains que l'impunité de l'infanticide commis par la mère en soit l'encouragement, il dépend de toi que cette crainte n'ait plus de fondement : honore la maternité !

C'est ce que ne font point tes codes.

Aussi sont-ils destinés à faire place à d'autres codes où ce sera l'Humanité qui prendra ta succession.

Ces codes seront l'œuvre et l'honneur du Nombre.

Lui ne s'arrêtera pas aux palliatifs; il ne se laissera pas circonvenir par eux.

Il ne tolérera pas que les principes soient plus longtemps immolés à des considérations qui sont les unes des anachronismes, les autres des contresens.

De l'exception, il ne fera pas la règle.

Où l'effet le blessera, il interrogera la cause et ne les confondra pas.

Il distinguera entre deux prévenus, assis sur le même banc, soit de la cour d'assises, soit de la police correctionnelle, pour le pareil délit ou le pareil crime: celui qui, dans son enfance, n'aura eu sous les yeux que les pires exemples et celui qui ne pourra pas invoquer comme circonstance atténuante le manque d'éducation préservatrice.

Il sera le redressement et de ce qui est faux et de ce qui a été faussé.

Alors, ô Société qui te seras retranchée derrière un rempart de préjugés caducs et d'abus invétérés, il sera trop tard pour te repentir et pour acheter ta conservation par des réformes qui eussent longtemps suffi et qui tout à coup ne suffiront plus.

Tu auras écrasé les travailleurs sous le poids des impôts de consommation les plus inégaux; les travailleurs voteront contre toi, et ce sera justice.

Entre le luxe qui éteint la compassion dans les cœurs et la misère qui les déprave, il y avait, il y a un écart trop grand, qu'il était possible de combler par le bien-être ; comme tu n'auras rien tenté pour le diminuer, les indigents, les pauvres, les affamés voteront contre toi, et ce sera justice.

Tu auras tourné en dérision « les femmes qui votent » ; le jour où elles voteront, elles voteront contre toi, et ce sera justice.

Le nombre le plus petit, protégé par le sabre, ayant abusivement et séculairement courbé sous la loi le nombre le plus grand, le Nombre, le souverain, prendra sa revanche à coups de bulletins; il votera contre toi, et ce sera justice.

Ce que la politique devrait être, c'est

la prévoyance, c'est la clairvoyance dans l'avenir : or, c'est ce qu'elle n'est pas.

Ce qu'elle est, c'est l'aveuglement dans l'optimisme.

Selon elle, ce qui est, c'est ce qui doit être, soit que la scène se passe en Orient dans les pays où règne l'islamisme, soit qu'elle se passe en Occident dans les pays où fleurit le christianisme.

S'il est vrai que, déjà à la fin de ce siècle, il n'y ait plus politiquement de questions isolées, combien ce sera plus vrai encore dès le commencement du siècle prochain.

Avant qu'il se soit écoulé vingt années:

Le suffrage universel ne sera plus le suffrage imposteur ; il sera réellement le suffrage universel, puisqu'il ne laissera plus à l'écart que les mineurs et les repris de justice, et qu'il se sera augmenté de dix millions d'électeurs ;

Le divorce aura fait ses preuves, car il aura prouvé qu'il était une utile transition, mais qu'il n'était pas une solution;

Les hospices d'enfants abandonnés et les tours, cette impunité de l'infanticide, auront disparu, parce que la responsabilité de la Commune, dite « Communemère », intarissablement dotée, ne sera plus un vain mot ;

Le sentiment public, le sentiment de la Masse souveraine, aura fait justice des mauvaises mères ; et seront appelées ainsi celles qui, sous un prétexte ou sous un autre, se soustrairont au devoir le plus sacré, au devoir maternel, en n'allaitant pas leur enfant par l'un des moyens entre lesquels il n'y a que l'embarras du choix;

La *Ligue pour la propagation de l'allaitement maternel* [1] aura vécu, n'ayant plus de raison de subsister.

Vous vous étonnez, mon cher Dumas, que les législateurs n'aient pas répondu à cet appel, que je copie textuellement dans votre livre :

« Vous devriez faire des lois protégeant l'innocence de la jeune fille, la dignité de la femme, la vie de l'enfant, les droits de l'époux, et punissant quelquefois les coupables au lieu de punir les innocents. »

1. Président : M. Leblond, sénateur. Vice-Président : M. Schœlcher, sénateur. Vice-Présidentes : madame Léon Béquet et madame de Boureuille. — Paris, rue de Sèvres, 4.

A cet appel, quelle réponse les législateurs eussent-ils pu faire ?

Une des erreurs capitales du temps et du pays où nous vivons, c'est de demander infiniment trop aux lois et infiniment trop peu aux mœurs.

Qui fait les lois ? C'est l'arbitraire qui les impose.

Qui fait les mœurs ? C'est la liberté qui les corrige.

Nous avons des lois qui punissent sévèrement l'adultère : l'empêchent-elles ?

Pourquoi ne l'empêchent-elles pas ?

C'est que la nature, aux prises avec la société, l'emporte et l'emportera toujours sur elle, à moins d'outrager l'humanité ; ce que fait le musulman qui enferme ses femmes et châtre l'homme sous la surveillance duquel il les place.

Protéger légalement l'innocence et la jeune fille! C'est facile à dire, mais par quelle loi?

Protéger légalement la dignité de la femme! C'est facile à dire, mais par quelle loi?

Protéger la vie de l'enfance! C'est facile à dire? mais par quelle loi?

Protéger les droits de l'époux! C'est facile à dire, mais par quelle loi?

Vous qui, par vos succès dramatiques, avez prouvé que vous avez le don et la puissance de l'imagination, ces lois que vous évoquez, imaginez-les donc!

Avoir donné au mari, qui surprend, chez lui, sa femme en flagrant délit d'adultère, le droit de la tuer impunément, n'est-ce pas suffisamment « protéger l'époux »?

Quel autre langage, sans forfaire à l'humanité, la loi pouvait-elle tenir?

Quelle preuve plus concluante de la supériorité des lois naturelles sur les lois positives?

Vous avez donc raison de vous écrier et de dire :

« Magistrats, jury, gendarmes, huissiers, » code civil, justice, allégories mytholo- » giques, menaçantes et rassurantes, » Christ en croix, qu'est-ce que vous » faites là? Pourquoi tout cet appareil » inutile, toute cette solennité vide, toute » cette dépense, tout ce dérangement?

Les lois de la nature resteront tou- » jours antérieures aux lois du Code et » même de la morale; elles seront, en » définitive, les plus fortes. »

Cette opinion, c'est celle que soutiendront les législateurs nouveaux qui, après deux législatures nouvelles, — législature de 1881 et législature de 1885. — viendront, en 1889, reprendre l'œuvre de 1789, détournée de son cours.

A cette victoire de l'humanité sur la société dans neuf ans, vous assisterez, mon cher Dumas, et vos mains pourront applaudir; mais la mort aura emprisonné les miennes dans le linceul qui les recouvrira. Raison de plus pour que la plume qu'elles peuvent encore tenir ne laisse point passer cette occasion propice de s'unir à la vôtre et de faire campagne ensemble.

Mes idées, qui complètent les vôtres, ont l'avenir pour elles; car, à moins de douter de la puissance de la logique et de la souveraineté de la raison, comment ne pas croire finalement au triomphe de la vérité et de l'équité?

L'équité, c'est que les femmes, égales aux hommes, en nombre, en intelligence, et désormais en instruction, leur soient égales en droits; c'est que, ayant le droit d'élire, elles aient le droit d'être élues et le pouvoir de mettre, à la place de l'erreur, la vérité dans la loi.

Qu'il n'y ait encore qu'un petit nombre de femmes qui se soient prononcées en faveur de cette juste revendication et qui la prennent au sérieux, ce n'est pas là une objection qui doive nous rendre indécis l'un et l'autre. Combien, à sa naissance, le christianisme a-t-il compté d'apôtres et dans quels rangs de la société de cette époque les a-t-il recrutés? Est-ce qu'ils étaient en majorité, les noirs qui, aux

États-Unis, souhaitaient, imploraient, revendiquaient la liberté, en échange de laquelle ils auraient à porter la responsabilité de leur existence et de celle de leur famille? Est-ce qu'ils étaient en majorité, les serfs qui, en Russie, considéraient leur affranchissement comme un bienfait?

Cependant, qui, ayant le sentiment de la dignité humaine, niera que le christianisme fût un progrès, que l'abolition de l'esclavage aux États-Unis et du servage en Russie en fût un autre? Qui, ayant une conscience, aurait la tentation de prendre la parole pour demander que les dieux du paganisme soient réintégrés dans leurs temples, que les noirs soient replacés dans les conditions d'où les a tirés l'immense guerre de la Sécession, et que les serfs redeviennent une marchandise qui se vende et qui s'achète?

O Progrès! si faible et si légitime que tu sois, que de doutes, d'incrédulités, d'objections, de résistances, d'hostilités, tu soulèves, et que de railleries et de quolibets tu mets en verve lorsqu'il s'agit de t'ériger en loi; mais, après que tu es accompli, combien tu parais simple, naturel, logique! L'ingratitude efface si vite les traces, qu'on se persuade que tu as toujours existé. Sans l'histoire qui est là, sans son témoignage irrécusable, le nom de fables est celui que la raison donnerait aux superstitions de l'antiquité et aux coutumes de la féodalité, quoiqu'elles aient eu des siècles de durée.

Les femmes qui, dans notre tâche, nous aident de leurs vœux et de leur parole, ne se comptent encore que par centaines; mais celles dont la cause nous a ralliés, malgré leur inertie, se comptent par dizaines de millions.

Aucune cause n'est plus grande.

Qui ne le voit pas regarde en arrière de soi et ne regarde pas en avant.

Or, sous peine d'être lancée encore une fois dans la Révolution, c'est en avant que la société actuelle doit regarder.

Le suffrage universel, accéléré par l'instruction de la femme, est en marche et ne s'arrêtera qu'au but.

Ce but, c'est l'abolition de l'ignorance populaire et l'universalité du bien-être dont la femme est la personnification par l'amour maternel, l'économie, la prévoyance et l'épargne.

L'épargne, c'est le délaissement du

cabaret; car c'est l'ordre au logis, et rien n'est plus exclusif que l'ordre dont on a contracté l'habitude, laquelle ne tarde pas à devenir un impérieux besoin.

L'épargne, c'est l'homme relevé par la femme; car c'est l'enfant mieux élevé par la mère. Qu'est-ce que l'homme? n'est-ce pas l'enfant qui a grandi?

« Non, m'objectent les critiques, non; le mariage tel que vous en conservez abusivement le titre n'est plus le mariage où l'enfant appartient indivisément à son père et à sa mère, c'est le ménage où l'enfant appartient exclusivement à sa mère; non; ce n'est pas l'homme relevé, c'est l'homme abaissé.

» Oui c'est l'homme abaissé à la fonction d'étalon. »

Eh bien, lorsqu'il en serait ainsi, quel

mal y aurait-il à combattre le décroissement de notre population et son abâtardissement ?

Mais ce résultat purement physique n'est pas celui que vise principalement la réforme à laquelle la crainte du ridicule et de la raillerie ne m'a pas empêché d'attacher publiquement mon nom.

Ce que j'ai surtout visé, c'est le résultat moral.

Au delà de quatorze ans, il y a malheureusement plus de probabilités que l'adulte se pervertira qu'il n'y en a qu'il se corrigera des défauts et des vices inhérents à sa nature, ou contractés dans un milieu pernicieux.

Les tribunaux et l'inefficacité de tous les modes de correction sont là pour l'attester.

Tous les systèmes de pénalité et tous les supplices ont été imaginés. A quoi ont-ils abouti, si ce n'est à montrer leur impuissance?

Tous les essais pénitentiaires ont été tentés. A quoi ont-ils servi, si ce n'est à faire naître et à entretenir le doute entre les deux théories contraires : celle de l'extrême rigueur des peines et celle de leur adoucissement?

Puisqu'on a ainsi monté et descendu sans succès tous les échelons de l'échelle pénale, c'est donc qu'il y a autre chose à faire que ce que l'on a fait.

Si mes idées de redressement de la société par le retour à l'humanité ne sont pas les plus justes, qu'on leur en oppose d'autres et qu'on les soumette respectivement à l'épreuve de la discussion! on peut être assuré que je n'y faillirai pas.

Mais, s'il se peut, que les promeneurs de banalités me fassent grâce d'objections de la nouveauté et de la force de celles-ci :

« L'égalité de la femme devant la loi et l'égalité des enfants devant la mère :

» Ce serait le renversement de la société de fond en comble, et sa démoralisation ;

» Ce serait l'immolation du sentiment paternel ;

» Ce serait l'homme fainéant et bellâtre;

» Ce serait la perte du plus grand charme de la femme, dont la force est dans sa faiblesse. »

Je réponds sommairement :

» Si ce retour à la loi de nature est » le renversement de fond en comble de la société, si c'est sa démoralisation », alors que faut-il donc penser des sentiments semés depuis dix-neuf siècles par le christianisme dans le cœur de l'homme et de la femme? Ils n'auraient donc poussé aucune racine ? La fidélité conjugale ne serait donc qu'une odieuse contrainte, qu'un abominable supplice?

Si c'était « l'immolation si facile du sentiment paternel », ce sentiment serait donc d'invention sociale et ne serait pas d'essence naturelle? Ce ne serait pas la nature qui constituerait la paternité, ce serait donc la loi ?

« Ce serait l'homme fainéant et bellâtre. » L'objection est risible. *Fainéant*, l'homme que toute infidélité commise par lui condamnerait à l'amende du douaire légitimé par la prévoyance maternelle !

Bellâtre, en quoi donc le débiteur d'un douaire serait-il plus bellâtre que le coureur d'une dot ?

« Ce serait la perte du plus grand charme de la femme, dont la force est dans la faiblesse. » Profonds critiques, de quelles faibles femmes parlez-vous ? Est-ce de celles, en immense nombre, associées à tous les rudes travaux des champs? Est-ce de celles, en nombre non moins grand, à qui les fatigues de l'atelier, de la fabrique, de la manufacture ne laissent pas le temps de vieillir ? Est-ce enfin de toutes celles qui ont des enfants à élever, un ménage à soigner, les repas à préparer, les vêtements à raccommoder, etc., etc. ? Toujours, toujours l'exception prise pour la règle, l'idéal pour le réel, la femme du salon, la femme du château, la femme qui court les bals et les spectacles, la femme qui lit des romans, prise pour la femme, — celle qui, en immense majorité, travaille pour suffire à toutes les nécessités de son intérieur et qui, le plus communément, n'y suffit pas !

Quand donc en finira-t-on avec les phrases fallacieuses et les balivernes?

Lorsque l'adultère est couvert par les rideaux de la légalité, Beaux messieurs et Bons amis, vous trouvez juste et loyal que des enfants, dont il n'est pas le père, soient inscrits au compte et sous le nom de l'époux, qui n'a pas le droit de protester, qui n'a pas même la liberté de tester et de disposer d'un héritage qui, de leur part, est un vol !

Est-ce qu'il n'a jamais existé qu'une

seule sorte de mariage, le mariage indissoluble, tel qu'en France il est érigé en loi?

Est-ce qu'à Rome, notamment, même aux temps de Caton l'ancien et de Cicéron, il n'y avait pas simultanément quatre sortes de mariages au choix: le *mariage par confarréation*, le *mariage par usucapion*, le *mariage par coemption*, et le *mariage par usurpation?* [1]. Puisque le mariage n'est plus ce qu'il a été, il n'est donc pas une institution invariable: il est donc une institution qui peut varier!

Avant de finir cette lettre, mon cher Dumas, je vous confierai qu'il y a une préoccupation de mon esprit qui en do-

1. QUESTIONS PHILOSOPHIQUES. *La liberté dans le mariage*, par Émile de Girardin. Librairie Calmann Lévy.

mine toutes les pensées; c'est celle-ci: qu'arriverait-il si, comme je l'ai déjà vu trois fois, en 1830, en 1848 et en 1870, la force armée appelée à réprimer impitoyablement un mouvement populaire, mettait la « crosse en l'air » et si, cette fois, la Multitude, le Nombre, pour premier acte de sa souveraineté, décrétait l'abolition du recrutement obligatoire?

Mon sentiment est que les temps sont venus où, sans s'attarder, il faut songer à asseoir la société sur un autre fondement que la force réprésentée par la pointe d'une baïonnette.

Un tel fondement est trop faible, après que, sous les peines les plus sévères, on a enseigné le courage et le mépris de la mort à tous les valides âgés de vingt ans.

Quand donc nous servirons-nous de la

raison dont l'homme a été doué pour agir raisonnablement?

Qu'est-ce que prévoir? C'est raisonner en ayant soin de ne laisser à l'écart aucune hypothèse.

Il y a une école à laquelle je n'ai jamais appartenu, c'est celle des présomptueux qui ont la prétention, en faisant la même chose, de faire mieux que leurs devanciers ou leurs rivaux. Rarement cette prétention est justifiée.

La mienne est de faire autrement et elle m'a réussi plus d'une fois; j'y persiste donc.

Qui m'accuse de chercher le paradoxe se trompe, et trahit seulement qu'il appartient à l'immense multitude des esprits qui flottent à la surface des questions et ne vont pas au fond.

Ce que je cherche, c'est le vrai, non pas le vrai qui échappe à la discussion par la banalité, mais le vrai qui n'est pas encore entré dans le domaine des faits vérifiés, où il entrera plus tard.

Il semblerait que l'erreur seule devrait avoir des ennemis, et que la vérité ne devrait compter que des amis; or c'est le contraire qui a lieu. Les militants pour l'erreur sont aussi nombreux que le sont peu les militants pour la vérité: cela s'explique: la vérité isole. Pour la défendre, un contre des millions d'aveugles et de sourds, au risque de leur ignorance, au risque de leur intolérance, au risque de passer pour fou, au risque de sa fortune, au risque de sa liberté, au risque même de sa vie, il faut du courage, il faut de l'audace.

Vous et moi, mon cher Dumas, nous venons de prouver qu'elle ne nous manquait pas. Maintenant, retournons chacun à la besogne, où le public est avec nous : vous au théâtre, où vous excellez, et moi à la politique à bout de voie, où je n'aurais réussi, en la combattant, depuis cinquante ans, qu'à démontrer par son impuissance même, l'impuissance de la presse.

Amitié.

ÉMILE DE GIRARDIN.

IMPRIMERIE CENTRALE DES CHEMINS DE FER. — A. CHAIX ET Cie,
RUE BERGÈRE, 20, A PARIS. — 20688-0.

www.ingramcontent.com/pod-product-compliance
Ingram Content Group UK Ltd.
Pitfield, Milton Keynes, MK11 3LW, UK
UKHW020150200726
13856UKWH00003B/927